AF349545

LE FILS DU BRAVO,

COMÉDIE-VAUDEVILLE EN UN ACTE,

par MM. Bouchardy et E. Deligny,

REPRÉSENTÉE POUR LA PREMIÈRE FOIS, A PARIS, SUR LE THEATRE DE L'AMBIGU-COMIQUE,
LE 7 FÉVRIER 1836.

PERSONNAGES.	ACTEURS.	PERSONNAGES.	ACTEURS.
ANDRÉAS DE MONTÉLÉONE.	M. Constant.	JACCOPPO.	M. Francisque J.
ANTONIO SPINOLA.	M. Saint-Firmin.	NINETTA.	Mlle Maria.

L'intérieur d'une vieille cabane de pêcheur; portes latérales dans lesquelles sont pratiqués deux guichets; porte et fenêtre au fond; une table, deux escabeaux, un masque et une grande épée suspendus au mur.

SCENE PREMIERE.

JACCOPPO, puis NINETTA.

JACCOPPO, *seul; peu après Ninetta. Il entre au milieu des cris confus de la populace qui hurle au dehors. Il ferme sa porte dans la plus grande agitation.*

Santa Maria! santa Maria! venez à mon aide, ou je suis un homme mort, occis, exterminé, défunt!... Les lâches! mille contre un, contre un seul!... tout cela contre moi! me poursuivre à coups de pierres ni plus ni moins qu'un hérétique, un juif, un simple chien!... Est-ce ma faute, a moi, si mon père était... et si je suis le fils de mon père? (*Allant vers la porte.*) Mais heureusement que je suis chez moi. (*On frappe.*) On n'entre pas.

NINETTA, *en dehors.*

Ouvre donc, Jaccoppo!

JACCOPPO, *ouvrant.*

Ninetta! .. c'est elle!...

NINETTA, *entrant.*

Mon pauvre ami, tu n'es pas blessé?

JACCOPPO.

Non, par bonheur, je n'ai reçu que trois pierres dans le dos.

NINETTA.

J'étais dans la boutique, lorsque j'ai entendu des cris, et je t'ai vu traverser le marché et honni par ces maudits pêcheurs.

JACCOPPO.

Ils allaient me lapider comme ce pauvre saint Étienne.

NINETTA.

Mais tu as de bonnes jambes.

JACCOPPO.

C'est la seule défense que Dieu m'ait donnée avec la nature, de même qu'au sanglier les siennes, et à l'éléphant aussi.

NINETTA.

Mais que leur as-tu donc fait pour qu'ils aboient tous après toi?

JACCOPPO.

Ce que je leur ai fait!... Oh! je voulais te le cacher, ce secret qui me pèse sur la conscience comme une mauvaise digestion.

NINETTA.

Que veux-tu dire?

JACCOPPO.

Je veux dire, Ninetta, que je suis un monstre; je suis un malheureux qui dois te demander pardon de t'avoir connue, de t'avoir aimée, d'avoir... séducteur que j'étais, passé tant de nuits à me morfondre sous ta fenêtre adorée, et d'avoir su te plaire, Ninetta.

NINETTA.

Et pourquoi cela?

JACCOPPO.

Pourquoi? pourquoi? parce qu'il était autrefois à Venise un citoyen masqué, qui, pour une somme d'or, vous débarrassait d'un ennemi en lui procurant la mort d'une manière ou d'une autre, suivant le goût de ses pratiques... il enlevait aussi aux mères leurs filles, aux amans leurs maîtresses, aux enfans leurs papas, aux maris leurs femmes, toujours pour ses pratiques, et faisait enfin tout ce qui concernait son état, le tout au plus juste prix.

NINETTA.

C'était un bravo.

JACCOPPO.

Et ce bravo, c'était mon père!

NINETTA.

Après?

JACCOPPO.

Comment, après?... ça ne te suffit pas?... tu ne t'évanouis pas?

NINETTA.

Je savais tout cela, Jaccoppo.

JACCOPPO.

Tu le savais, et tu ne m'as pas repoussé du pied comme un serpent reptile et rampant?

NINETTA.

Non, car, après tout, ce n'est pas ta faute, à toi, si ton père avait un drôle de métier.

JACCOPPO.

Oh! je l'ignorais moi-même; car, depuis l'âge de dix ans, mon père m'avait éloigné de lui. J'habitais Naples, où j'étais à la fois pêcheur et heureux comme le goujon dans l'eau douce, quand j'appris sa mort. Je vins alors ici, à Venise pour recueillir mon patrimoine... quel héritage, grand Dieu! cet édifice, son masque et sa bonne épée. A mon arrivée, j'ai tout appris; chacun m'a repoussé, croyant que j'étais à mon tour le bravo de la ville. J'ai voulu travailler pour vivre, et les pêcheurs se sont amusés à couler ma barque à fond; ils ont joué à déchirer mes filets, sous le prétexte ridicule que je n'avais pas besoin de manger de poissons, vu que je m'engraissais du sang de mes semblables... c'est étonnant comme je suis gras!

NINETTA.

Te maltraiter ainsi, toi, innocent agneau, qui ne marcherais pas sur une bête à bon Dieu!

JACCOPPO.

C'est au milieu de toutes ces tribulations qu'en passant devant la boutique de ta maîtresse, au coin du grand marché, je suis entré pour acheter du macaroni... je te vis, toi, pauvre orpheline aussi... je devins aimable.

NINETTA.

Il ne faut pas s'attrister, Jaccoppo; rien ne nous force à rester ici. Allons à Naples, là nous nous marierons.

JACCOPPO.

Et de l'argent pour la route?...

Air : Les anguilles.

NINETTA.

Pour payer les frais du voyage,
Vends demain ton habitation.

JACCOPPO.

On n' veut pas ach'ter l'héritage
D' mon père mort sans l'absolution.
J' quitterai la d'meur' paternelle
Sans que j' perde, hélas! ma maison;
Car pour m'en aller avec elle,
J' suis pas assez colimaçon. bis.

Oh! si nous avions seulement trois cents sequins, je connais un petit moulin aux environs de Naples... je l'achèterais, tu en serais la meunière, Ninetta...

NINETTA.

Trois cents sequins! nous n'avons pas seulement un liard.

JACCOPPO.

C'est vrai; mais vois-tu, mon estomac n'est pas aussi patient que moi, il commence à se fatiguer de la misère. Il crie vengeance et du macaroni, et je le vengerai! Chaque jour, il me vient ici des seigneurs, qui me disent : Jaccoppo, cet homme me gêne : cent sequins pour sa tête. Eh bien ! gens de Venise, puisque vous m'y forcez, je serai bravo, tant pire ! J'enlèverai vos femmes, je vous exterminerai, je vous pulvériserai tous, et si vous n'êtes pas contens, eh bien ! tant pire ! je suis comme cela, moi !

NINETTA.

Que dis-tu, malheureux ?

JACCOPPO.

Oh ! n'aie pas peur... c'est la fureur qui m'a fait parler ainsi... je n'en tuerai que trois ou quatre, quatre ou cinq, juste pour trois cents sequins !

NINETTA.

Jaccoppo, vous me faites horreur.

JACCOPPO.

Horreur ! c'est possible .. mais tu ne sais pas que depuis hier au soir je suis à jeun... c'est humiliant !

NINETTA.

Mon ami, tu ne tueras personne, et tu mangeras ce soir.

JACCOPPO.

Vraiment !

NINETTA.

Je vais à l'instant même te chercher à souper.

JACCOPPO.

Oh ! tu seras mon ange gardien, mon sauveur; dépêche-toi, j'ai des crampes d'estomac.

Air de Lestocq.

NINETTA.

Je cours et reviens vite,
Ta fureur va passer.

JACCOPPO.

Emportant la marmite,
Ne va pas la casser.

NINETTA.

Laisse l'arme de ton père,
Car tu serais damné.

JACCOPPO.

Je serais moins sanguinaire
Si j'avais déjeuné.

ENSEMBLE.

Je cours et reviens vite, etc.

Elle sort.

SCÈNE II.

JACCOPPO, *seul, tombant à genoux.*

Merci, mon Dieu ! tu ne veux pas que je sois bravo, tu m'envoies à souper !... Que va-t-elle m'apporter ?... du lard peut-être... ou bien du cocomero. Oh ! lard ou cocomero, qu'importe ! je mangerai ! je mangerai !

SCÈNE III.

JACCOPPO, ANDRÉAS.

ANDRÉAS.

Jaccoppo, j'ai à te parler.

JACCOPPO.

Jésus ! mon Dieu ! qu'est-ce que cela ?

ANDRÉAS, *lui jetant une bourse.*

Chut ! A toi cette bourse ! cinquante sequins !

JACCOPPO, *effrayé.*

Mais, monseigneur...

ANDRÉAS.

Chut ! viens ici .. approche, écoute !

JACCOPPO.

Pardon, monseigneur, mais...

ANDRÉAS.

Chut ! silence ! ton père était un homme de parole et faisait dignement son métier... j'agis avec toi comme j'agissais avec lui... je paie d'avance.

JACCOPPO.

Je vous assure, monseigneur, que ..

ANDRÉAS.

Chut ! silence ! je suis le comte Andréas Montéleone, membre du sénat.

JACCOPPO, *à part.*

L'or du crime me brûle les doigts... j' vas l' mettre dans ma poche.

ANDRÉAS.

J'ai pour l'heure un caprice...

JACCOPPO, *à part.*

Il appelle cela un caprice !

ANDRÉAS.

Je viens de voir une tête de jeune fille ravissante.

JACCOPPO.

Et vous voudriez... oh !

ANDRÉAS.

Chut !

JACCOPPO, *à part.*

Le lâche !

ANDRÉAS.

Elle demeure au coin du grand marché, et est employée à la confection du macaroni.

JACCOPPO, *étonné.*

Du macaroni !

ANDRÉAS.

Tu la reconnaîtras facilement : elle est petite, ses yeux sont noirs comme ses cheveux, ses épaules sont blanches commes ses dents, et sa taille est assez rondelette.

JACCOPPO.

Est-ce que ce serait par hasard...

ANDRÉAS.

Je veux avant une heure trouver cette femme
ici. Tu m'as compris.

JACCOPPO, *avec crainte.*

Monseigneur, son nom !

ANDRÉAS.

C'est juste, j'oubliais .. Elle se nomme Ninetta.

JACCOPPO, *à part.*

C'est elle, mon Dieu !

ANDRÉAS, *à part.*

Cette maison est isolée... je pourrai la voir ici
sans craindre de me compromettre. (*A Jaccoppo.*)
Si tu me manques de parole, dans une heure tu
seras mort sous le bâton. Au revoir !

Il sort.

SCENE IV.

JACCOPPO, *seul.*

Il veut que j'enlève Ninetta pour lui... ma Ninetta, à moi !... Oh ! il est fou, cet homme d'âge;
mais j'ai reçu son or, et je recevrai des coups de
bâton, si... Je ne peux pourtant pas... mon Dieu !
que faire ? Si j'allais trouver Ninetta, avec cet or,
nous pourrions quitter cette ville maudite... C'est
cela, mon parti est pris... Non, mon beau seigneur, tu n'auras pas... je conçois ton caprice,
mais je garde la bourse, la bourse avec l'honneur,
et je n'ai pas de compte à te rendre ni de temps
à perdre.

Il ouvre la porte, et se trouve face à face avec un autre
seigneur caché sous son manteau; il recule épouvanté.

SCENE V.

JACCOPPO, ANTONIO.

ANTONIO, *lui jetant une bourse.*

Pour toi, ces cinquante sequins.

JACCOPPO.

Allons !... en voila encore un...

ANTONIO.

Je suis le marquis Antonio Spinola, sénateur
et parent du doge ; ton père était un brave qui
m'a toujours servi fidèlement ; je veux que tu hé-
rites de la confiance que j'avais mise en lui.

JACCOPPO.

Mais, monseigneur... je ne continue pas.

ANTONIO.

Chut ! tais-toi... tu n'es pas aussi grand ni
aussi vigoureux que ton père, mais je ne doute
pas de ton courage et de ton intelligence... je
veux les mettre à l'épreuve... Quel âge as-tu ?

JACCOPPO.

J'aurai vingt ans aux melons, monseigneur ;
mais, de grâce, laissez-moi vous dire...

ANTONIO.

Je n'ai pas de temps à perdre en vaines paro-
les; vingt ans aux melons. (*Le considérant.*) Il a
manqué de soleil... Voici le fait : un ange, au
visage de femme, vient d'allumer dans mon âme
une passion tumultueuse qui me consume le cœur
et ne tardera pas à le réduire en cendres si elle
n'est pas bientôt assouvie.

JACCOPPO, *à part.*

Pauvre homme... ça doit le gêner.

ANTONIO.

Il me faut cette femme, Jaccoppo ! il me la
faut, vois-tu ?... comme il faut aux conquérans
la conquête, aux rois leurs royaumes, à Venise
ses lions aux ailes dorées, ses lacs et ses gondoles.
Elle est nécessaire à mon existence comme l'air
l'est à ma vie, et le pain à la tienne.

JACCOPPO, *à part.*

Le pain... il a raison.

ANTONIO.

Cette jeune vierge a seize ans au plus.

JACCOPPO.

Seize ans !

ANTONIO.

Des cheveux d'ébène.

JACCOPPO, *à part.*

L'ébène, c'est noir.

ANTONIO.

Une prunelle de jais.

JACCOPPO, *à part.*

Le jais est noir aussi.

ANTONIO.

Elle est petite.

JACCOPPO.

Petite !

ANTONIO.

Mais sa taille est majestueuse comme celle d'une
reine... et cette femme toute idéale m'est apparue
dans la boutique d'un marchand de macaroni,
près la place du Marché.

JACCOPPO.

La place du Marché !

ANTONIO.

Cela t'étonne ?

JACCOPPO.

Et... ne se nomme-t-elle pas Ninetta ?

ANTONIO.

Ninetta, précisément !

JACCOPPO, *à part.*

Ah ! c'est trop fort !...

ANTONIO.

Tu la connais ? tant mieux !... tu la trouveras

plus facilement. (*A part.*) Cette maison est isolée, je puis sans craindre les sarcasmes... (*Haut.*) Je veux qu'avant une heure cette femme soit ici...

JACCOPPO.

Mais c'est atroce, infernal, fabuleux !

ANTONIO.

Et si tu n'exécutes pas exactement mes ordres, dans une heure tu seras roué de coups... A bientôt.

Il sort.

SCENE VI.

JACCOPPO, *seul.*

Ah çà ! tout l'univers est donc amoureux de Ninetta ?... ça ne peut pas me convenir à moi, qui suis jaloux comme un Turc... Encore, s'il n'y avait que le premier, passe... Mais je suis bien bête... c'est cinquante sequins de plus... j'en ai cent maintenant... Si j'attendais un troisième rival, et puis d'autres après... Ma foi, non, je ne m'y fie pas. Allons trouver Ninetta.

Il sort en courant.

SCENE VII.

NINETTA, *entre portant un panier.*

Voilà de quoi souper ; j'ai été un peu longue... Eh bien ! où est-il donc ?... il est là sans doute en train de raccommoder ses filets. (*Elle ouvre le guichet de la porte à droite.*) Il n'y est pas... c'est qu'il sera sorti pour aller au devant de moi ; comment se fait-il que nous ne nous soyons pas rencontrés. Au fait, ils lui ont brisé sa barque, il aura traversé le pont... moi, j'ai traversé l'eau. Pauvre Jaccoppo !... a-t-il du malheur, en a-t-il !

AIR *de la Madone.*

Sitôt qu'il traverse la place,
Une foule accourt sur ses pas,
Et puis soudain on dit tout bas :
Maudit soit le bravo qui passe !
Patience chacun son tour,
Le beau temps vient après l'orage ;
Pour le consoler d' leur outrage,
Ninetta veut qu'il soit bienheureux en amour.

SCENE VIII.

NINETTA, ANDRÉAS.

ANDRÉAS, *à part.*

La voici !... Jaccoppo m'a tenu parole...

NINETTA, *à part.*

Quel est cet homme ?

ANDRÉAS, *à part.*

Elle est encore embellie depuis ce matin.

NINETTA.

Que voulez-vous, monseigneur ?

ANDRÉAS.

Je voulais, ma charmante, me trouver seul avec toi, pour te dire tout ce que j'ai d'amour dans le cœur.

NINETTA.

Je ne vous comprends pas.

ANDRÉAS.

Taís-toi !... petite coquette... du reste, je comprends ta colère : pour favoriser cette entrevue, j'ai employé des moyens peut-être un peu rigoureux... la violence !

NINETTA.

La violence ?

ANDRÉAS.

Ou la ruse...

NINETTA.

La ruse ?

ANDRÉAS.

Car je ne sais comment ce démon de Jaccoppo s'y est pris pour t'attirer ici.

NINETTA, *à part.*

Jaccoppo m'aurait tendu ce piége ?

ANDRÉAS.

Il y a réussi, je le récompenserai... et maintenant, ma chère...

NINETTA.

Jaccoppo m'a trahie de la sorte...

ANDRÉAS.

Tu sais que je t'aime... je ne te demande pas si tu m'aimes aussi, ça ne peut pas venir tout de suite ; mais, pour t'y amener,

AIR :

Je possède un réduit obscur
Au fond d'un vert boccage ;
Près de là coule à flots d'azur
Le ruisseau le plus pur.
Un chêne, un vert feuillage,
Vous prêtant son ombrage,
Vous garantit des feux du jour,
Mais non de ceux d'amour.

Je veux te donner ce petit séjour... tu en seras la reine, et peut-être par la suite en deviendrai-je le roi. Qu'en dis-tu, ma charmante ?

Il l'embrasse.

NINETTA, *effrayée.*

Laissez-moi, monsieur...

ANDRÉAS, *à part.*

Dieu !... comme elle est farouche !... c'est comme

cela que je les aime... (*Haut.*) Ninetta, tu m'en-
flammes.

NINETTA, *à part.*

Comment me débarrasser de ce vieux fou ?

ANDRÉAS.

Oh! viens, je veux passer ma vie à tes genoux
et te parer comme une duchesse.

NINETTA.

Si je pouvais gagner la porte, je cours mieux que
lui.

ANDRÉAS.

Oh! ma souveraine, mon cœur est en émoi ; la
gondole de ton esclave n'est pas loin, je vais la
faire approcher, et je reviens radieux t'offrir la
main... Tu consens, n'est-ce pas ?

NINETTA.

Oui, oui... allez, allez.

ANDRÉAS.

Ah! que tes charmes enchanteurs
Entrent dans ma gondole!
Je veux que mes braves rameurs
    Te couronnent de fleurs,
    Et quand mon âme folle
    Bercera mon idole,
Le flot nous poussera toujours
    Vers l'île des amours!

Il sort.

SCENE IX.

NINETTA, *seule.*

Profitons de son absence et fuyons.

AIR : *J'aime la Fermière.*

Pendant qu'il va vite
Chercher son rameur,
Il faut que j'évite
Ce vieux radoteur.
Toi, si j' te rattrappe,
Jaccoppo, p'tit gueux,
J' te donnerai plus d' tapes
Que tu n'as d' cheveux.

Pendant qu'il va vite, etc.

SCENE X.

NINETTA, ANTONIO.

NINETTA.

Encore quelqu'un !

ANTONIO.

Ninetta!

AIR : *Assez dormir, ma belle.*

Espoir, amour, ivresse,
Enivrante allégresse,
Vous remplissez mon cœur ;
J'ai du feu dans la tête,
Dans le cœur la tempête,
Près de moi le bonheur.

Viens, ô blanche sylphide,
Viens, et d'un vol rapide,
Viens, montons vers les cieux ;
Mon étoile chérie,
Je veux toute ma vie
Me mirer dans tes yeux.

NINETTA, *étonnée.*

Que me chante-t-il donc là ? (*Haut.*) Laissez-
moi sortir !

ANTONIO, *la retenant.*

Sortir !... quand l'ange de l'extase presse mon
cœur dans ses mains enchantées.. oh! non, non

NINETTA, *pleurant.*

Mon Dieu! mon Dieu! laissez-moi tranquille.

ANTONIO.

Tu pleures, Ninetta ; oh! pardonne-moi d'a-
voir employé ce traître Jaccoppo, qui te livre à
mon amour.

NINETTA.

Jaccoppo, encore?... Ah! c'est monstrueux !

ANTONIO.

Ne le maudissons pas, non, non, car il nous
prépare du bonheur pour une éternité. Oh! Ninetta, si ton âme n'a jamais plongé dans les flots
d'une ivresse accablante et sublime, viens, viens
partager ma folle joie ... laisse ma jeune âme ef-
fleurer ta jeune âme... et mon amour immense
t'envelopper comme un nuage embaumé, dia-
phane, aérien.

NINETTA.

Je n'ai besoin de rien.

ANTONIO.

Tu n'as besoin de rien ; mais songe, ô Ninetta !
que, si bercés par les délices, tes yeux se fer-
ment fatigués , tu dormiras sur ma poitrine
d'homme, et que mon haleine volcanique, en
glissant sur ton front de femme, t'amènera des
rêves aussi beaux qu'un soleil de printemps...
Viens, partons, partons...

NINETTA.

Je ne veux pas! laissez-moi !

ANTONIO.

Tu ne m'échapperas pas ; mon amour excusera
ma fureur. D'ailleurs, qu'est-ce que ça me fait !

NINETTA.

Au secours !

ANTONIO.

Je suis capable de commettre un crime, un ho-

micide, un meurtre, un assassinat, une bassesse,
un absurdité... Je suis fou, fou... j'ai le délire!

Il la poursuit.

NINETTA.

Au secours !. .

SCENE XI.

LES MÊMES, ANDRÉAS.

ANDRÉAS, *paraissant à la porte.*

Qu'est-ce que ceci ?

NINETTA, *à Andréas.*

Seigneur, protégez-moi !

ANTONIO.

Montéléone !

ANDRÉAS.

Spinola !

ANTONIO.

Par saint Gilles ! Andréas, tu arrives à propos !

ANDRÉAS.

En effet, par saint Georges !

ANTONIO.

Par saint Marc !... tu vas m'aider à enlever
cette femme ; car vois-tu, je l'aime comme un en-
ragé.

ANDRÉAS.

Tu l'aimes ! jeune homme débauché !... trem-
ble ! car je l'aime aussi ! entends-tu bien ?

ANTONIO.

Toi, vieillard immoral... un homme marié !
viens-tu donc ici pour me la disputer, égoïste ?

ANDRÉAS.

Elle me jurait tout-à-l'heure un amour éter-
nel.

ANTONIO.

Tu mens... oh ! comme il ment !...

ANDRÉAS.

Parle donc, Ninetta ! .. confonds cet audacieux.

NINETTA.

Mon Dieu ! mon Dieu ! que faire ?

ANDRÉAS.

Parle !... lequel est préféré ?

NINETTA, *pleurant.*

Sont-ils ennuyeux ! sont-ils ennuyeux !

ANDRÉAS, *lui baisant la main.*

Dis-lui donc que tu m'idolâtres.

ANTONIO, *lui embrassant l'autre main.*

Oh ! ne lui dis pas, Ninetta !

ANDRÉAS.

Par saint Polycarpe, Antonio, j'aurai raison de
ce baiser !

ANTONIO.

Par saint Cloud !... mon sang bouillonne, Andréas, et les éclairs de nos deux lames ont soif de
voltiger ensemble.

NINETTA, *à part.*

S'ils pouvaient se tuer tous les deux !

ANDRÉAS.

Tu le veux donc ?... Eh bien ! en garde !

ANTONIO.

Soit !

NINETTA.

Battez-vous ; moi, je me sauve.. Oh ! Jaccoppo,
à nous deux maintenant.

ANTONIO.

Et nos témoins ?

ANDRÉAS.

Dieu ! et cette femme qui couronnera de son
amour le vainqueur du combat.

ANTONIO.

Où donc est-elle ?

ANDRÉAS.

Elle est partie.

ANTONIO.

Elle m'échappe... mais je saurai bien l'at-
teindre.

ANDRÉAS, *s'apposant à sa sortie.*

Tu ne la poursuivras pas.

ANTONIO.

Arrière, vieillard ! ou défends ta vie.

ANDRÉAS, *descendant la scène.*

Sortons !

ANTONIO, *à part.*

L'âge a blanchi ses cheveux ; mais... il est plein
de force encore... et son poignet est ferme...
n'importe, n'ayons pas l'air de le craindre.

ANDRÉAS, *à part.*

Il est jeune et vigoureux... moi, je suis vieux
et débile... tâchons d'arranger les affaires... Monsieur, c'est un duel à mort qu'il vous faut ?

ANTONIO.

A mort.

ANDRÉAS.

Sans merci ?

ANTONIO.

Sans merci.

ANDRÉAS.

Ni pitié ?

ANTONIO.

Ni pitié.

ANDRÉAS, *embarrassé.*

Eh bien ! monsieur, puisque l'un des deux doit
rester sur la poussière...

ANTONIO.

Ou dans la boue.

ANDRÉAS.

Je veux mettre ordre à mes affaires.

ANTONIO.

C'est juste. (*A part.*) La chose s'arrangera.

ANDRÉAS.

Je ne dois pas laisser ma famille dans l'embarras, il faut que je fasse mon testament.

ANTONIO.

Et moi le mien... nous sommes d'accord.

ANDRÉAS.

Je pars, et...

ANTONIO.

Et demain matin...

ANDRÉAS.

Non, dans une heure, je veux vous retrouver ici.

ANTONIO, *à part.*

Que le diable l'emporte! (*Haut.*) Et alors, patricien, nous sortirons dans la campagne, et soit à la lance ou à la hache, soit à la dague ou au poignard, soit à pied ou à cheval, sans bouclier ni rondache, je serai prêt à vous passer mon épée au travers du corps.

ANDRÉAS *et* ANTONIO.

Ton insolence
Aura sa récompense,
J'aurai vengeance
De cet affront railleur.

ANDRÉAS, *à part.*

O sort prospère!
Évitons sa colère;
De sa rapière
Il m'eût percé le cœur.
Ton insolence, etc.

ANDRÉAS, *sortant.*

Dans une heure!

ANTONIO.

Dans une heure!

SCENE XII.

ANTONIO, *seul; puis* JACCOPPO.

Je me suis mis là dans une piteuse affaire: si cet homme me tue... et il me tuera... car enfin... c'est possible... Non, je ne dois pas me rendre à ce rendez-vous!... Pourtant, si je n'y viens pas... il m'appellera... il m'appellera lâche... Je ne veux pas me battre, il est vrai... mais Je ne veux pas être lâche... je ne sais comment me débarrasser de cet homme.

JACCOPPO, *entrant.*

Je ne peux pas trouver Ninetta, qu'est-elle devenue? (*Apercevant Antonio.*) Ciel! je ne pense plus à ces gens... je vais mourir sous le bâton.

ANTONIO, *se retournant.*

Jaccoppo!... c'est le ciel qui l'envoie!

JACCOPPO.

Pardonnez-moi, monseigneur, je vous jure.

ANTONIO.

Tu es un brave.

JACCOPPO, *étonné.*

Monseigneur...

ANTONIO.

Tu t'es parfaitement acquitté de ta première commission... je suis content de toi.

JACCOPPO, *à part.*

Il n'est pas difficile... je n'y comprends rien...

ANTONIO.

Je veux te confier une mission plus importante que la première. . prends d'abord ces cinquante sequins.

JACCOPPO, *à part.*

Encore!

ANTONIO.

Et tu recevras la pareille somme après l'exécution de mes ordres.

JACCOPPO, *à part.*

S'il s'agit d'un enlèvement du même genre, j'accepte.

ANTONIO.

Écoute: as-tu vu quelquefois par la ville le comte Andréas de Montéléone?

JACCOPPO, *à part.*

Notre rival! est-ce qu'il serait jaloux, lui?

ANTONIO.

L'as-tu vu?

JACCOPPO.

Je l'ai vu.

ANTONIO.

Dans une heure il viendra ici.

JACCOPPO.

Ici!...

ANTONIO.

Tu le tueras, Jaccoppo!

JACCOPPO.

Le tuer!

ANTONIO.

Devant moi... je veux assister à son exécution, ce sera plus sûr.

JACCOPPO.

Mais, monseigneur, je ne peux pas... je ne dois pas... car c'est un crime, après tout.. et Dieu!

ANTONIO.

Des scrupules!... maintenant que tu as mon secret, avec lequel tu peux me perdre; non, non, Jaccoppo, sa mort ou la tienne.

JACCOPPO.

Après tout, monseigneur, vous ne me pendrez pas plus haut que la potence.

ANTONIO.

Non, certes! mais j'en ferai dresser une si haute que tu n'y paraîtras pas plus grand qu'un cure-dents.

JACCOPPO, *effrayé.*

Oh!

ANTONIO.

Réfléchis... bravo... je reviendrai avec les cinquante sequins et l'ordre de te faire pendre ; tu choisiras.

SCENE XIII.

JACCOPPO, *seul.*

Pendu! pendu, si je ne tue pas cet homme si bien portant... et Ninetta... ma Ninetta, qu'est-elle devenue!... est-ce que, par hasard, pendant... Oui, voilà son panier. Oh! quelle atroce pensée! il l'aura trouvée ici... qu'en aura-t-il fait?... Oh! jalousie, jalousie, tu es un animal bien féroce... ma pauvre fiancée et son pauvre panier... (*Regardant le panier.*) Avec du lard... non, c'est du macaroni... Dieu! que j'ai faim! Jalousie! tu me tortilles le cœur... faut que je goûte ça. (*Mangeant avec avidité.*) Mais c'est une abomination! une infamie! et je serai pendu si je ne tue pas cet homme! Ciel! le voici.

SCENE XIV.

JACCOPPO, ANDRÉAS.

ANDRÉAS.

Je suis heureux de te trouver ici, Jaccoppo.

JACCOPPO, *à part.*

Il est heureux... innocente victime.

ANDRÉAS.

Tu es un brave, et je t'accorderai désormais ma protection.

JACCOPPO, *à part.*

Sa protection!...pauvre cher homme!...plus souvent que je le tuerai!... j'aimerais mieux je ne sais pas quoi!

ANDRÉAS.

Cette femme était ici à l'heure convenue; c'est très-bien.

JACCOPPO, *à part.*

Eh quoi! tous les deux!... oh! je suis déshonoré!... (*Haut.*) Elle était ici?... mais, monseigneur! qu'est-elle devenue?...

ANDRÉAS.

Je ne sais; elle s'est adroitement échappée.

JACCOPPO, *à part.*

Et elle a bien fait... courons après elle... (*Haut.*) Pardon, monseigneur, mais il faut que je sorte...

ANDRÉAS, *le retenant.*

Oh! tu ne sortiras pas... Jaccoppo, j'ai besoin de toi sur l'heure.

JACCOPPO.

Encore!

ANDRÉAS.

Voici une bourse de cinquante sequins.

JACCOPPO.

Ah çà! mais il m'en pleut donc des bourses?

ANDRÉAS.

Une semblable te sera remise dans une heure, si je suis satisfait; écoute : connais-tu le marquis Antonio Spinola...

JACCOPPO, *à part.*

Est-ce qu'il voudrait aussi?

ANDRÉAS.

Le connais-tu ?

JACCOPPO.

Oui, monseigneur.

ANDRÉAS.

Avant une heure il doit venir ici... Il faut l'occire, Jaccoppo... et je veux le voir mourir de mes propres yeux.

JACCOPPO, *à part.*

En voilà une bonne. (*Haut.*) Mais, monseigneur, c'est impossible.

ANDRÉAS.

Impossible! tu refuses... maintenant que je me suis confié à toi... si tu épargnes la tête du marquis Antonio, la tienne roulera sur l'échafaud.

JACCOPPO, *à part.*

Oh! mais j'en perdrai la tête.

ANDRÉAS.

Il est juste que je prenne mes précautions : adieu!... Je reviendrai; tu pourrais me trahir, et je ne serais pas tranquille ; les sequins seront dans mon pourpoint... ou si tu l'aimes mieux, j'ordonnerai ton supplice...

Il sort.

SCENE XV.

JACCOPPO, *seul.*

Pendu par l'un ou décapité par l'autre, toujours de plus fort en plus fort... ils ne peuvent pas me pendre et me décapiter en même temps ; je n'ai rien à craindre... Oh! si, car ils peuvent me faire pendre d'abord et décapiter ensuite. Il faut fuir... oui, mes jambes seules peuvent me sauver... Mais Ninetta, je ne peux pas partir sans elle. Vive Dieu! la voici!...

SCENE XVI.

JACCOPPO, NINETTA.

JACCOPPO.

Ninetta, partons, pas un instant à perdre.

NINETTA, *furieuse.*

Où voulez-vous aller ?

JACCOPPO.

A Naples, à Milan... n'importe où, quelque part ou ailleurs... je te conterai tout cela en route.

NINETTA.

Vous suivre ! vous suivre...

JACCOPPO.

Mais elle ne me tutoie plus ! tu ne m'aimes donc plus ?

NINETTA.

Je vous abhorre... je vous exècre !

JACCOPPO.

Allons !... il ne me manquait plus que cela... mais qu'ai-je donc fait ?

NINETTA.

Ce que vous avez fait ? m'avoir livrée chez vous aux attaques injurieuses de deux seigneurs débauchés... ah ! c'est une bien grande petitesse.

JACCOPPO.

Oh ! je comprends maintenant !

NINETTA.

Et pour m'attirer dans ce piége indélicat, vous avez employé l'insidieux prétexte d'être à jeun, afin que j'aille vous chercher à souper, à vous qui n'aviez pas faim, menteur !

JACCOPPO.

Je n'avais pas faim ! grand Dieu ! passe-moi donc le panier... je veux tout dévorer pour te prouver mon innocence... Mais non, partons, viens !... je n'ai pas même le temps de manger.

NINETTA.

On ne me trahit pas deux fois ; partez seul, je ne vous suivrai pas...

JACCOPPO.

Eh bien !... puisqu'il en est ainsi, moi non plus, je ne partirai pas ; en restant, je serai pendu, décapité !... tant mieux... ça me fera plaisir, je veux mourir, moi...

NINETTA.

Mourir, dis-tu ?

JACCOPPO.

Oui, car il n'y aura plus moyen de l'éviter... écoute... je vais te conter tout... puisque tu y tiens absolument... deux seigneurs amoureux de toi m'ont donné chacun cinquante sequins... en m'ordonnant de t'enlever et en me promettant de me rouer de coups si je n'obéissais pas... et tandis que j'allais te chercher pour nous sauver avec leur argent, tu seras sans doute venue.

NINETTA.

Pauvre Jaccoppo !... en effet, et ils se sont battus.

JACCOPPO.

Non, pas si bêtes, ils sont bientôt revenus avec cent autres sequins, me dire qu'il fallait que je les tue tous les deux, l'un devant l'autre, et qu'ils me feraient pendre et décapiter avant une heure, si je n'exécutais pas leurs ordres ; l'heure est écoulée... ils vont venir, et Jaccoppo sera pendu.

NINETTA.

Non ! non ! ne pleure pas... tu as deux cents sequins, je te pardonne ; cent de plus, nous aurions notre moulin.

JACCOPPO.

Plus d'ambition, Ninetta !

Air du Quadrille espagnol.

Ah ! n'espérons plus rien, et partons sans attendre ;
Car ils vont revenir, et vite, sauvons-nous !
Dépêchons, Ninetta, j'crois déjà les entendre :
   Évitons, évitons leur courroux.

NINETTA.

Cach' bien cet or et mets-le dans ta trousse,
Soyons prudens, prenons garde aux voleurs.

JACCOPPO.

Oh ! je n' crains pas qu'un voleur me détrousse,
Mais j' crains, vois-tu, ces brigands de seigneurs.

Il n'est plus temps, voilà le vieux qui arrive...
Oh ! Ninetta ! je suis décapité...

NINETTA.

Non, non, pas encore. (*Elle ferme la porte.*) Écoute, tu vas le faire entrer là. (*Elle montre la porte de droite.*) Tu lui diras que par ce guichet il pourra tout voir... moi, je vas me cacher sous cette table... et quand il sera bien enfermé...

JACCOPPO.

Nous partirons ! fameux.

ANDRÉAS, *en dehors.*

C'est moi !... Jaccoppo !

Ninetta se cache sous la table.

JACCOPPO, *ouvrant.*

Saint Jacques, mon patron, veillez sur nous.

SCENE XVII.

LES MÊMES, ANDRÉAS.

ANDRÉAS.

Le marquis est-il arrivé ?

JACCOPPO.

Pas encore.

ANDRÉAS.

L'heure a sonné pourtant... est-ce qu'il ne viendrait pas, le lâche?

JACCOPPO.

Il ne peut tarder, monseigneur; mais pour qu'il ne soupçonne rien à son arrivée, entrez ici... et par ce guichet, que j'ouvrirai quand il en sera temps, vous pourrez tout voir sans être vu.

ANDRÉAS.

Ceci me semble parfait, car je connais cet endroit, je m'y cachai déjà pour pareil spectacle, sous feu ton père de vaillante mémoire.

JACCOPPO.

Oh!... mon père était un lapin!

ANDRÉAS.

Le diable a pris sa peau, Dieu veuille avoir son âme!

Il entre, Jaccoppo ferme la porte.

NINETTA, *sortant de dessous la table.*

Il est coffré.

JACCOPPO.

Oui!

NINETTA.

Alors, en route. (*Ils vont pour sortir, on frappe.*) Voilà l'autre!

JACCOPPO.

Je suis un homme pendu!

NINETTA.

Mais non, imbécile... un peu de sang-froid.

ANTONIO, *en dehors.*

Jaccoppo, c'est moi.

JACCOPPO.

Que faire?

NINETTA, *désignant la porte à gauche.*

Cette autre porte lui tend les bras.

JACCOPPO.

Au fait, c'est vrai.

NINETTA.

Ouvre, moi... je me cache.

Elle rentre sous la table.

~~~~~~

SCENE XVIII.

LES MÊMES, ANTONIO

ANTONIO, *entrant.*

Eh bien!... est-il arrivé?

JACCOPPO.

Chut! oui...

ANTONIO.

Déjà!... je savais bien que ce vieillard était plein de courage... mais où donc est-il?

JACCOPPO.

Chut!... je l'ai fait entrer là pour qu'il ne s'aperçoive pas de votre arrivée; maintenant, entrez là, pour qu'il ne soupçonne rien... et par ce guichet, que j'ouvrirai quand il en sera temps, vous pourrez le voir mourir.

ANTONIO.

Tu es un garçon bien rusé.

JACCOPPO.

Chut! hâtez-vous, monseigneur.

ANTONIO.

L'idée me paraît d'autant plus heureuse que je n'aurai rien à craindre.

Il entre.

JACCOPPO, *l'enfermant.*

Enfin! Ninetta, c'est fait, viens...

NINETTA.

Non, j'ai réfléchi, je reste...

JACCOPPO.

Mais tu veux donc ma mort, malheureuse?

NINETTA.

Non, je veux que tu achètes ton moulin.

JACCOPPO.

Je voudrais être à cent lieues d'ici.

NINETTA.

Tu as deux cents sequins, il en coûte trois cents; ces seigneurs compléteront la somme.

JACCOPPO.

Comment cela?

NINETTA.

Ils ont payé pour entrer là... ils paieront pour en sortir...

JACCOPPO.

Tu vas m'exposer...

NINETTA.

As-tu confiance en moi?

JACCOPPO.

Tu as tant d'esprit!

NINETTA.

AIR : *Suis mes pas, n' fais pas d'imprudence.*

Parlons bas, il faut du mystère
Parlons, bas et ne tremblons pas.

JACCOPPO.

Mais, que veux-tu?

NINETTA.

Je veux être meunière.

JACCOPPO.

J'ai peur! mon cœur fait l'tic tac du moulin.

NINETTA.

Un peu d'courage, et dans une heure, j'espère,
De la fortune nous prendrons le chemin.
Parlons bas, etc.

NINETTA.

Va leur ouvrir les guichets... puis tu vien-
~~~~~~

dras me trouver sous la table, et je t'expliquerai
tout ce que tu auras à faire.

Elle se cache.

JACCOPPO.

Tout cela tournera mal...

Il ouvre les guichets et se cache.

ANDRÉAS, *paraissant au guichet.*

Mon guichet est ouvert; c'est que tout est prêt,
ça ne va pas tarder, le voici...

ANTONIO, *paraissant à son guichet.*

Mon guichet est ouvert.

ANDRÉAS.

Le voilà !

ANTONIO.

Il va sans doute le frapper par derrière.

ANDRÉAS.

Je comprends, c'est par derrière qu'il va frapper.

ANTONIO.

Andréas ! tu as voulu m'enlever une femme...
tu vas mourir.

ANDRÉAS.

Tu comptes encore sur ta bonne épée, lâche,
qui voulais te mesurer avec moi, un vieillard :
mais j'ai pris mes mesures.

ANTONIO.

Et moi les miennes... renonce à Ninetta !

ANDRÉAS.

Jamais !

ANTONIO.

Réfléchis, comte ; je daigne t'accorder la vie...
Jaccoppo, ne frappe pas encore ! attends mes
ordres !

ANDRÉAS.

Que dis-tu ?

ANTONIO.

J'ai promis cent sequins pour ta tête.

ANDRÉAS.

J'en ai promis autant pour la tienne.

ANTONIO.

AIR :

Oui, j'ai payé ta tête,

ANDRÉAS.

Oui, j'ai payé ta tête,

ANTONIO.

On va te la couper;

ANDRÉAS.

On va te la couper;

ANTONIO.

Car Jaccoppo s'apprête;

ANDRÉAS.

Car Jaccoppo s'apprête;

ANTONIO.

C'est toi qu'il va frapper.

ANDRÉAS.

C'est toi qu'il va frapper.

NINETTA, *sous la table.*

Nous serons dans l'opulence,
Et tu n'auras plus faim.

JACCOPPO, *sous la table.*

Je crains bien qu' la potence
M'ôte le goût du pain.

REPRISE.

Oui, j'ai payé, etc.

JACCOPPO, *sortant de dessous la table.*

Bien, bien, j'ai compris, je suis à mon affaire.

NINETTA.

Mettons le couvert.

ANDRÉAS *et* ANTONIO.

Ninetta !

JACCOPPO.

Oui, messeigneurs... c'est Ninetta, ma fiancée.

ANDRÉAS *et* ANTONIO.

Sa fiancée, malédiction ! enfer ! damnation !

JACCOPPO, *mangeant.*

Du tout... mes beaux seigneurs... vous m'avez
dit tous deux: Nous voulons nous voir mourir,
tués par toi ; et vous m'avez payé pour ça ; l'affaire était difficile à arranger... grâce à Ninetta,
j'y ai réussi... vous serez satisfaits l'un et l'autre... vous allez mourir de faim, et par ces bienheureux guichets vous jouirez réciproquement
de votre mutuelle agonie.

ANDRÉAS *et* ANTONIO.

Oh !

NINETTA.

Bien dit, Jaccoppo ! tiens, embrasse-moi pour
la peine.

ANDRÉAS.

L'embrasser devant moi !

ANTONIO.

A mon nez, à ma barbe ! Misérable, ouvre-moi
cette armoire !...

JACCOPPO.

Impossible, monseigneur, le comte Montéléone
me ferait décapiter.

ANDRÉAS.

Ouvre-moi cette porte, pendard.

JACCOPPO.

Si je l'ouvrais, monseigneur, le marquis Spinola me ferait pendre.

ANTONIO, *passant son épée par le guichet.*

Ouvre, ou je te pourfends de mon épé.

ANDRÉAS, *passant aussi son épée.*

Les coups de ma rapière sont mortels , Jaccoppo !

JACCOPPO.

Bien , amusez-vous... criez... frappez... vos
épées sont trop courtes , et la maison est isolée...

ANTONIO.

Nous ne te ferons aucun mal, ouvre-nous.

ANDRÉAS.

Est-ce que j'ai jamais voulu lui faire du mal.?

JACCOPPO.

Messeigneurs, je ne demande pas mieux que de vous être agréable; mais il faut que je gagne ma pauvre vie... Après vos morts, il me revient cent sequins. Vous pouvez me les faire attendre long-temps, c'est vrai, mais j'espère que d'ici à une huitaine de jours...

NINETTA.

Très-bien !

ANDRÉAS.

Nous sommes perdus.

ANTONIO.

C'est affreux !...

NINETTA.

Tu as le cœur trop dur, Jaccoppo... Comment, pour cent sequins ?...

ANTONIO.

Mais s'il ne s'agit que de cela...

NINETTA.

Assurément ces deux seigneurs te les donneront pour que tu leur ouvres.

ANTONIO, *jetant une bourse.*

Mais les voici... les voici !

ANDRÉAS, *jetant une bourse.*

Mais assurément ; soyons ronds en affaire.

NINETTA.

Tu vois bien... je ramasse mon moulin.

JACCOPPO, *à part.*

Dieu ! qu'elle a d'esprit !...

ANDRÉAS.

La porte... la porte...

JACCOPPO, *à Ninetta.*

Mais quand ils seront libres, ils me tomberont dessus.

NINETTA.

Cours décrocher ta grande épée, ça leur fera peur... c'est des poltrons. Moi, j' vas leur ouvrir. (*Ouvrant.*) Messeigneurs, chose promise, chose due.

JACCOPPO, *décrochant l'épée.*

Pourvu que ça ne me porte pas malheur.

ANDRÉAS , *sortant.*

Ah ! Ninetta !... avoir abusé de mon âge avancé...

JACCOPPO, *avançant avec son épée.*

J'ai la chair de poule.

ANTONIO, *à Andréas.*

Comte, unissons-nous pour nous venger.

ANDRÉAS.

Si nous fondions sur lui ?

ANTONIO.

Ce serait maladroit; son épée est plus longue que la nôtre.

ANDRÉAS.

C'est vrai.

ANTONIO.

Et puis, nous ne serions que deux contre un...

ANDRÉAS.

C'est juste, car cet homme est terrible.

JACCOPPO, *à part.*

Ils complotent... ils complotent.

ANTONIO.

Les sbires ne sont pas loin d'ici.

ANDRÉAS.

Faisons-les arrêter.

ANTONIO.

Faisons-les arrêter.

ANDRÉAS.

Ce sera plus prudent... Hâtons-nous.

Air :

Nous partons, et souhaitons d'avance,
    Bonne chance aux jeunes époux.
    Que demain le bonheur commence ;
    Bonne chance, mariez-vous.
    Je veux être du mariage.

JACCOPPO.

Grand merci, mon noble seigneur.

ANDRÉAS, *à Ninetta.*

Je veux protéger le ménage.

NINETTA.

Grand merci, notre protecteur.

ANTONIO *et* **ANDRÉAS.**

Nous partons, et souhaitons d'avance
Bonne chance aux jeunes époux.
Que demain le bonheur commence;
Bonne chance, mariez-vous.

Ils sortent.

JACCOPPO, *se débarrassant de son épée.*

Il était temps... j'avais usé tout mon courage. Enfin les voilà partis... au plaisir de ne plus les revoir, et je ne crois pas qu'ils seront de la noce.

NINETTA.

N'importe , c'est eux qu'auront payé les violons... Jaccoppo, nous sommes meuniers.

JACCOPPO.

Je suis meunier.

NINETTA.

Et plus de frayeur, plus de tristesse.

    Car maintenant la somme est complète.
Pour nous plus de chagrin, d'ennui, de peine et de désir.
    On dit qu'avec de l'or on achète
L'amour, la folie et le bonheur, et le plaisir.
        Tiens, voilà près du rivage
        Mes rames et mon bateau.
        Pour commencer le voyage,
        Nous allons traverser l'eau.

Et puis nous marcherons gaiement en courant

jusqu'à Naples; une fois arrivés, nous achèterons le moulin et nous nous marierons, Jaccoppo.

Car maintenant la somme est là, etc.

JACCOPPO.

Mais s'ils se mettent à nous poursuivre?

NINETTA.

Laisse donc; voilà déjà le soir.

JACCOPPO.

Tiens, c'est vrai; tout-à-l'heure il fera noir comme de l'encre; la nuit tous les bateaux sont gris, et alors attrape qui peut.

Il chante.

Salut, maison de mon père.

NINETTA.

Qu'est-ce que tu fais donc?

JACCOPPO.

J' fais mes adieux à ma maison.

NINETTA.

Est-ce que tu as le temps, imbécile? les autres qui vont venir t'arrêter.

JACCOPPO, *effrayé.*

Dieu! je crois déjà que je les entends. (*Montant dans la barque.*) Santa Maria, protégez-nous, veillez sur nous, conduisez-nous.

Car maintenant la somme est complète, etc.

Ils disparaissent. On frappe à la porte, et on entend un grand bruit de voix confuses. Ouvrez au nom de la loi. On enfonce la porte, les sbires entrent, portant des torches et visitant partout. Andréas et Antonio, après avoir regardé dans les guichets, se fixent avec stupéfaction.

ANTONIO.

C'est singulier, en perdant mon bravo, j'ai perdu ma bravoure.

ANDRÉAS.

Et moi, tous mes moyens de séduction.

AIR *de Préville et Taconnet.*

ANDRÉAS.

Et cependant je suis très-amoureux.
Mais je ne puis être aimé d'une femme
Sans le secours d'un bravo courageux.
Oui, j'ai besoin d'un bravo courageux.

ANTONIO.

Au duel à mort, moi, je sais mettre entrave;
Mais j'ai juré la mort de mes rivaux,
L'extermination de mes rivaux.

ANDRÉAS.

Pour que l'on m'aime

ANTONIO.

Et pour que je sois brave,
Accordez-nous de vigoureux bravos.

ANDRÉAS.

Afin qu'on l'aime

ANTONIO.

Et qu'il devienne brave.

ENSEMBLE.

Accordez-nous de vigoureux bravos.

FIN.

PARIS.— IMPRIMERIE DE Mme Ve DONDEY-DUPRÉ,
rue Saint-Louis, 46, au Marais.